BEI GRIN MACHT SICH IHR WISSEN BEZAHLT

Grundlagen der systemischen Familienberatung und -therapie. Besonderheiten in der Arbeit mit Familiensystemen und mögliche Interventionen

Vivien Albers

Bibliografische Information der Deutschen Nationalbibliothek:

Die Deutsche Nationalbibliothek verzeichnet diese Publikation in der Deutschen Nationalbibliografie; detaillierte bibliografische Daten sind im Internet über http://dnb.d-nb.de abrufbar.

ISBN: 9783346742353
Dieses Buch ist auch als E-Book erhältlich.

Inhaltsverzeichnis

Abbildungsverzeichnis 4

Tabellenverzeichnis 4

1.   Zuhöreranalyse 5

2.   Zielsetzung und Kernbotschaft der Präsentation 6

3.   Ablauf der Präsentation 6

    3.1.   Begrüßung und Einleitung 6

    3.2.   Der systemische Ansatz 9

    3.3.   Der systemische Ansatz in Familienberatung und -therapie 13

    3.4.   Typische Besonderheiten in der Arbeit mit Familiensystemen 17

    3.5.   Fallbeispiel Familie M. 19

    3.5.1.   Empfohlene Interventionsmöglichkeiten 21

    3.6.   Fazit und Danksagung 24

4.   Zeitrahmen und Medieneinsatz 24

5.   Kritische Reflektion 25

Literaturverzeichnis 27

Anhang: Präsentation 29

Abbildungsverzeichnis

Abb. 1: Einführung in die systemische Familienberatung und -therapie 7

Abb. 2: Inhaltsverzeichnis 8

Abb. 3: Leitfragen 8

Abb. 4: Der systemische Ansatz - Obstbauerfrage................................. 9

Abb. 5: Der systemische Ansatz – System... 11

Abb. 6: Systemische Beratung und Therapie.. 12

Abb. 7: Kahoot Quiz - Spiele-Pin und QR Code...................................... 13

Abb. 8: Kahoot Quiz - Frage mit Antwortmöglichkeiten............................ 13

Abb. 9: Systemischer Ansatz in Familienberatung und -therapie 14

Abb. 10: Systemischer Ansatz in Familienberatung und -therapie - vier verschiedene familientherapeutische Ausrichtungen 15

Abb. 11: Systemischer Ansatz in Familienberatung und -therapie - Entwicklung zur systemischen Perspektive 16

Abb. 12: Besonderheiten in der Arbeit mit Familiensystemen - Familiensystemtheorie nach Bronfenbrenner (1981).. 17

Abb. 13: Besonderheiten in der Arbeit mit Familiensystemen - Der Lebenszyklus der Familie.. 18

Abb. 14: Fallbeispiel Familie M. 21

Abb. 15: Interventionsmöglichkeiten - ein Überblick................................. 22

Tabellenverzeichnis

Tab. 1: Gliederung, Zeitrahmen und Medieneinsatz der Präsentation.................... 25

1. Zuhöreranalyse

Zuhörer der Präsentation sind Studenten der SRH Fernhochschule Riedlingen. Die Veranstaltung „Einführung in die systemische Familienberatung und -therapie findet in Präsenz im Studienzentrum in Düsseldorf statt. Die Teilnahme an der Veranstaltung ist freiwillig und kostenlos. Von möglichen 15 Plätzen sind 12 belegt. Darunter neun Studierende der Psychologie (B.Sc.), zwei Studierende der Prävention und Gesundheitspsychologie (B.Sc.) und ein Student der Sozialen Arbeit (B.Sc.). Es ist davon auszugehen, dass in erster Linie Studierende teilnehmen, die Interesse am Thema haben sowie die die Veranstaltung als Grundlage für ihr weiteres Studium nutzen. Die Motivation ist entsprechend hoch einzuschätzen. Eine kurze Online-Befragung im Vorhinein der Veranstaltung ergibt, dass keiner der Studenten sich zuvor mit der systemischen Familientherapie und -beratung in Berührung gekommen ist. Von den Psychologiestunden geben sechs an, dass Sie verschiedene Therapieformen kennenlernen möchten. Ein Student der Sozialen Arbeit gibt an, dass er sich zum Thema Familie weiterbilden möchte. Beide Studenten der Präventions- und Gesundheitspsychologie geben an, die Veranstaltung ansprechend gefunden zu haben. Die übrigen drei Psychologie-Studenten nutzen die Veranstaltung als Grundlage für ein anstehendes Prüfungsmodul. Der Kenntnisstand ist somit bei allen Teilnehmenden eher niedrig. Aus dieser Befragung ergibt sich die Vermutung, dass die Studierenden einen Einblick ist die systemische Familienberatung und -therapie gewinnen möchten. Entsprechend ihrer Erwartungen sollen die Studierenden in das Thema eingeführt werden.

2. Zielsetzung und Kernbotschaft der Präsentation

Ziel der Präsentation ist, einen Überblick und eine Idee des Themas „systemische Familienberatung und -therapie" zu geben. Nach Besuch der Veranstaltung sollen Zuhörer einordnen können, was der systemische Ansatz ist und welche Bedeutung er für die Familienberatung und -therapie hat. Zudem sollen sie typische Besonderheiten in der Arbeit mit Familiensystemen benennen können und mögliche Interventionen kennenlernen. Mithilfe eines Fallbeispiels lernen Zuhörer diese Besonderheiten sowie Interventionsmöglichkeiten konkret zuzuordnen.

Die Kernbotschaft der Präsentation lautet „Um Probleme zu lösen, wird am System angesetzt". Individuelles Verhalten muss immer vor Hintergrund seines sozialen Kon-textes betrachtet werden. Verhalten, Kommunikation und Rollen der einzelnen Fami-lienmitglieder können nicht von dem Verhalten der anderen Familienmitgliedern ge-trennt betrachtet werden, weil sie voneinander beeinflusst werden (Willemse & von Ameln, 2018).

3. Ablauf der Präsentation

3.1. Begrüßung und Einleitung

Der Vortrag ist für 10:00 Uhr angesetzt. Zuvor wurde sich bereits mit den Räumlichkeiten und Rahmenbedingungen auseinandergesetzt, damit der Vortrag flüssig und ablaufen kann (Hüttmann, 2018, S. 39). Neben Computer und Projektor wird und eine Flipchart vorbereitet. Etwa eine viertel Stunde früher wird der Raum zur Verfügung gestellt, damit sich Studierende gelassen setzen und sich mit anderen austauschen können. Beim Einlass werden alle Studierenden freundlich begrüßt. Danach wird der Vortrag vorbereitet und die erste Folie wird bereits aufgerufen (Abb. 1). Wenn alle

Studierenden eingetroffen sind, wird der Vortrag pünktlich gestartet. Insgesamt sind 90 Minuten eingeplant.

Abb. 1: Einführung in die systemische Familienberatung und -therapie

(Quelle: Eigene Darstellung)

Die Präsentation beginnt mit einer kurzen Vorstellung der eigenen Person und mit der Benennung des Themas. Hier wird der erste Kontakt zu den Zuhörern hergestellt. Es wird ein herzliches Dankeschön für die Teilnahme ausgesprochen und auf vorhandene Pausensnacks hingewiesen. Das emotionale Ansprechen der Zuschauer bewirkt ein höheres Aufmerksamkeitslevel sowie eine nachhaltige Speicherung von Informationen (Hüttmann, 2018, S. 6). Danach werden die folgenden Themenbereiche sowie der angesetzte Zeitrahmen beschrieben (Abb. 2). Eingeleitet wird mit vier Leitfragen, welche als roten Faden durch die Präsentation dienen und letztendlich beantwortet werden sollen (Abb. 3). Dies hilft, sich auf das Wesentliche zu beschränken und eine klare Struktur für die Zuhörer zu schaffen (Hey, 2019, S. 51).

Inhaltsverzeichnis

Themen	Zeitrahmen insgesamt ca. 90 Minuten
1. Leitfragen	5 min.
2. Der systemische Ansatz	15 min.
3. Bedeutung des systemischen Ansatzes für die Familienberatung und -therapie	10 min.
4. Besonderheiten in der Arbeit mit Familiensystemen	15 min.
5. Fallbeispiel Familie M.	Gruppenarbeit: 10 min. Besprechung: 10 min.
6. Interventionsmöglichkeiten	10 min.
7. Fazit	5 min.
8. Fragen und Abschied	~ 10 min.

Abb. 2: Inhaltsverzeichnis

(Quelle: Eigene Darstellung)

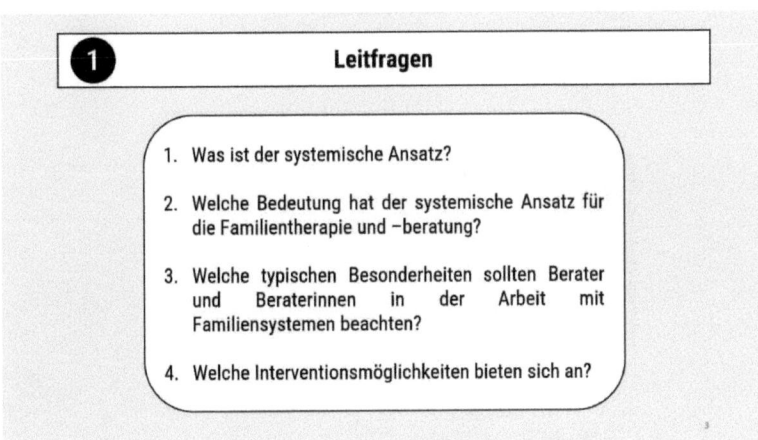

1 Leitfragen

1. Was ist der systemische Ansatz?

2. Welche Bedeutung hat der systemische Ansatz für die Familientherapie und –beratung?

3. Welche typischen Besonderheiten sollten Berater und Beraterinnen in der Arbeit mit Familiensystemen beachten?

4. Welche Interventionsmöglichkeiten bieten sich an?

Abb. 3: Leitfragen

(Quelle: Eigene Darstellung)

3.2. Der systemische Ansatz

Zunächst soll die Frage „Was ist der systemische Ansatz?" beantwortet werden. Dafür wird mit einer überraschenden Frage begonnen, um Originalität zu schaffen (Hüttmann, 2018, S. 37) und das Interesse sowie die Aufmerksamkeit der Zuschauer zu erlangen. Die Frage lautet: „Stellen Sie sich vor sie wären ein Obstbauer. Ihr Baum bringt kein Obst. Woran könnte es liegen? Die erste Interaktion mit den Zuschauern wird geschaffen. Die Zuschauer sollen die Antworten reinrufen. Jede Antwort wird gelobt und auf die Flipchart notiert. Es soll eine positiv-konstruktive Grundstimmung hergestellt werden (Schulenburg, 2018, S. 133). Mögliche Antworten werden auch durch die Bilder angeboten, um Zuschauer zu motivieren, mitzumachen. Botschaft dieser Folie ist, dass neben dem Baum auch der Boden, der Regen, der Schnee, die Sonne, der Wind, die Bienen, die benachbarten Bäume, etc. beachtet werden sollten (Schwing & Fryzer, 2016, S. 9). Mit einem Klick erscheint die Antwort auf der Folie (Abb. 5).

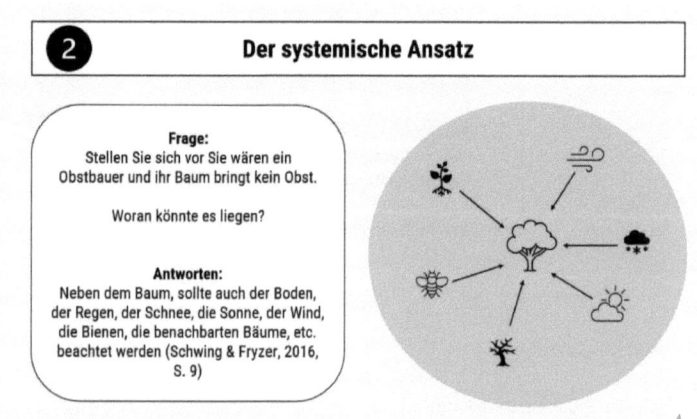

Abb. 4: Der systemische Ansatz - Obstbauerfrage

(Quelle: Eigene Darstellung)

Diese Metapher wird nun auf den systemischen Ansatz übertragen (Abb. 6). Es soll vermittelt werden, dass soziale Phänomene komplexe Systeme sind, die ohne ihre zahlreichen zirkulären Wechselwirkungen mit der Umwelt, aber auch innerhalb des Systems, nicht hinreichend zu verstehen sind (Willemse & von Ameln, 2018, S. 23). Im systemischen Ansatz wird daher nicht nur am Individuum allein, sondern am System, d.h. an seinem Kontext angesetzt. Zum Verständnis werden die Begriffe System und Subsysteme definiert und Beispiele (z.B. Familie und Mutter-Kind-Dyade) genannt. Die Zuhörer werden nach weiteren Beispielen gefragt. Es wird die Metapher eines Fischschwarms genannt, dessen Bewegung sich im Bruchteil einer Sekunde ändert, ohne dass es einen Befehlsgeber gibt. Ein solcher Fischschwarm ist exemplarisch für den Tanz des System, bei dem die Bewegungen nicht auf individuellen Entscheidungen beruhen, sondern der Dynamik des Kollektivs untergeordnet sind (Willemse & von Ameln, 2018, S. 162). Danach wird kurz auf die Grundannahmen des systemischen Ansatzes nach Willemse & von Ameln (2018) eingegangen. Eine geschichtliche Timeline soll verdeutlichen, dass der systemische Ansatz nicht auf eine/n einzelnen Gründervater/-mutter zurückgeht, sondern sich aus jahrelanger Erkenntnis und Forschung entwickelt hat. Die Folie wird lediglich grob durchgesprochen, da die Entstehungsgeschichte nicht der Fokus der Präsentation ist.

Der systemische Ansatz

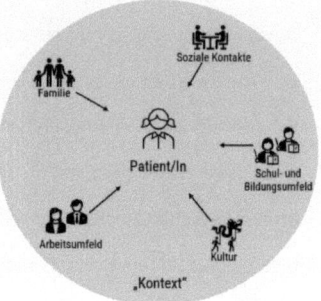

Um Probleme zu lösen, wird am System angesetzt.

Verhalten ist in Beachtung des sozialen Kontextes, des Systems zu verstehen und zu verändern (Schwing & Fryzer, 2016, S. 9)

Das Individuum wird in seiner Ganzheit und all seinen komplexen Wechselwirkungen betrachtet (Helle, 2019, S. 102).

Abb. 5: Der systemische Ansatz – System

(Quelle: Eigene Darstellung)

Von allgemeinen Informationen über den systemischen Ansatz wird nun auf die systemische Beratung und Therapie übergegangen (Abb. 7). Die Frage „Was ist die systemische Beratung und Therapie?" wird beantwortet. Es wird darauf eingegangen, dass es sich um ein Erkenntnis- und Handlungsmodell handelt, welches die Person immer in Wechselbeziehung mit ihrem Kontext sieht (Schubert, Rohr & Zwicker-Pelzer, 2019, S. 90). Die Abbildung verdeutlicht, dass sich im sozialen Kontext das Verhalten des Systems und Individuelles Verhalten wechselseitig bedingen. Daher ist das Beratungsobjekt einer systemischen Beratung oder Therapie nicht das Individuum an sich, sondern das Beziehungs- und Interaktionssystem des Individuums (Schubert et al., 2019, S. 91). Die systemische Beratung und Therapie dient, somit der Veränderung von Systemen (Schiepek & Schweitzer-Rothers, 2020, S. 428). Dabei wird das klassische Ursache-Wirkung-Denken abgelehnt. Auf der nächsten Folie wird zum tieferen Verständnis auf Unterschiede zwischen der systemischen Beratung und der systemischen Therapie eingegangen.

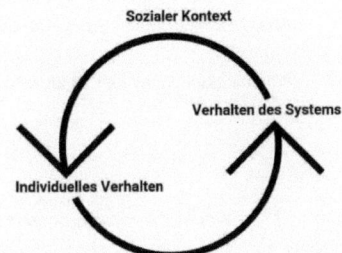

Was ist die Systemische Beratung und Therapie?

- Systemische Beratung und Therapie bezieht sich auf die Erfassung, Analyse und Veränderung von Systemen (Schiepek & Schweitzer-Rothers, 2020)

- Die Mitglieder eines Systems wirken ständig wechselseitig aufeinander

- Beratungsobjekt ist nicht das Individuum an sich, sondern das Beziehungs- und Interaktionssystem (Schubert, 2019).

Sozialer Kontext

Verhalten des Systems

Individuelles Verhalten

Abb. 6: Systemische Beratung und Therapie

(Quelle: Eigene Darstellung)

Nach diesem ersten Teil der Präsentation werden die Zuhörer gebeten ihre Smartphones oder Laptops herauszuholen. Es wird von der Präsentation zur Website Kahoot.it gewechselt. Die Zuhörer bekommen nun einen Spiel-Pin und QR Code angezeigt, mit dem sie Zugang zu einem Online-Quiz bekommen (Abb. 8). Danach können sie einen Nickname eingeben und am Quiz teilnehmen. Die Durchführung soll zur unterhaltungszwecken dienen und somit zur Festigung der Information und zur Überprüfung der Qualität, denn: „Menschen möchten unterhalten werden" (Hüttmann, 2018, S. 5). Es folgen zwei Fragen mit vier Antwortmöglichkeiten und zwei Wahr oder-Falsch-Fragen. Ein Beispiel ist in Abb. 9 dargestellt. Das gesamte Quiz findet online statt und wird direkt ausgewertet. Danach werden mögliche Fehler besprochen.

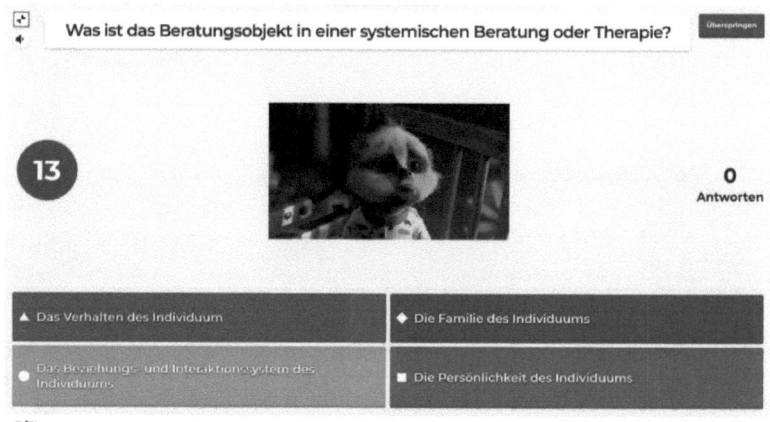

Abb. 7: Kahoot Quiz - Spiele-Pin und QR Code

(Quelle: https://play.kahoot.it/v2/?quizId=f83cbfee-aae2-4243-ac18-612d92115704)

Abb. 8: Kahoot Quiz - Frage mit Antwortmöglichkeiten

(Quelle: https://create.kahoot.it/creator/f83cbfee-aae2-4243-ac18-612d92115704)

3.3. Der systemische Ansatz in Familienberatung und -therapie

Die gelernten Informationen über die systemische Beratung und Therapie sollen nun auf die Familie spezifiziert werden. Der Begriff systemische Familienberatung und - therapie wird kurz definiert. Auf der nächsten Folie werden die besprochenen Informationen über die Entstehungsgeschichte des systemischen Ansatzes noch einmal aufgegriffen und es wird darauf eingegangen, dass sich die systemische Beratung und Therapie aus der Familientherapie entwickelt hat. Pioniere entdeckten, dass sich Probleme besser lösen und verstehen lassen, wenn Angehörige in die Behandlung miteinbezogen werden und es erfolgversprechend war, die Beziehungen und die Kommunikation der Menschen in den Familien zu beobachten und zu verändern, als Einzelpersonen zu behandeln (Schwing & Fryszer, 2016, S. 16). Es folgt ein Hinweis, dass darauf im nächsten Schritt noch weiter eingegangen wird. Danach wird der Begriff der Kontextualisierung erklärt. Auch hier werden sich zuvor erlernte Grundlagen bezogen.

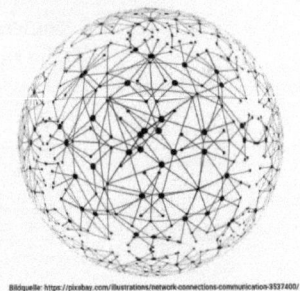

Bedeutung des systemischen Ansatzes für die Familienberatung und -therapie

- Der Systemische Ansatz hat seinen Ursprung in der in den 1950er Jahren entwickelten Familientherapie.

- **Kontextualisierung:** Individuelles Verhalten muss immer vor Hintergrund seines sozialen Kontextes betrachtet werden. Verhalten, Kommunikation und Rollen der einzelnen Familienmitglieder können nicht von dem Verhalten der anderen Familienmitgliedern getrennt betrachtet werden, weil sie voneinander beeinflusst werden (Willemse & von Ameln, 2018).

Bildquelle: https://pixabay.com/illustrations/network-connections-communication-3537400/

11

Abb. 9: Systemischer Ansatz in Familienberatung und -therapie

(Quelle: Eigene Darstellung)

Die nächste Folie zeigt, dass sich zu Beginn vier familientherapeutische Richtungen etabliert haben (Abb. 11). Kernbotschaft dieser Folie ist, dass diese heute zwar noch zentrale Perspektiven der unterschiedlichen Ausrichtungen der systemischen

Therapie darstellen, aber aufgrund von vielen Gemeinsamkeiten der verschiedenen Ansätze immer stärker in den Hintergrund rücken. Es wird zur nächsten Folie gewechselt, welche die theoretischen Grundlagen heutiger systemischer Therapie aufzeigt (Abb. 12). Dabei wird nicht auf jede einzelne Theorie eingegangen, da dies den Rahmen der Präsentation sprengen würde. Es wird der Hinweis gegeben, dass sich bei Interesse weiter mit den angegebenen Theorien beschäftigt werden kann. Es wird der Hinweis gegeben, dass das Individuum nun nicht mehr allein im Fokus steht, sondern zu einer sog. „Indexperson" wird, welche auf ein dysfunktionales familiäres System reagiert und so auch zur Stabilisierung dieses Systems beiträgt. Im Fokus stehen daher die komplexen Beziehungsmuster innerhalb der familiären Bindungen und deren gegenseitige Beeinflussung (Helle, 2019, S. 96).

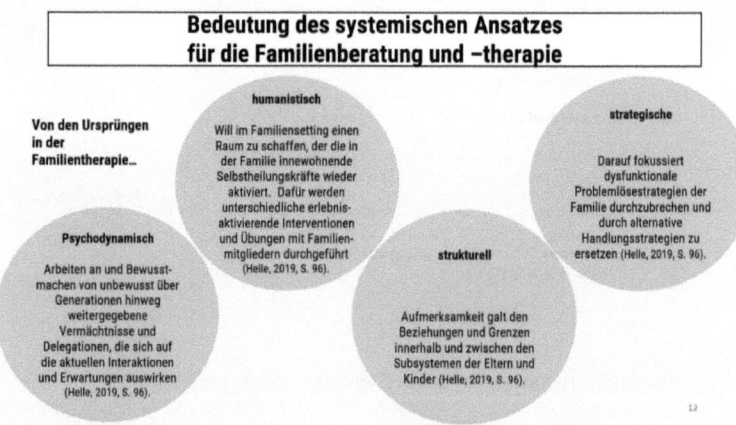

Abb. 10: Systemischer Ansatz in Familienberatung und -therapie - vier verschiedene familientherapeutische Ausrichtungen

(Quelle: Eigene Darstellung)

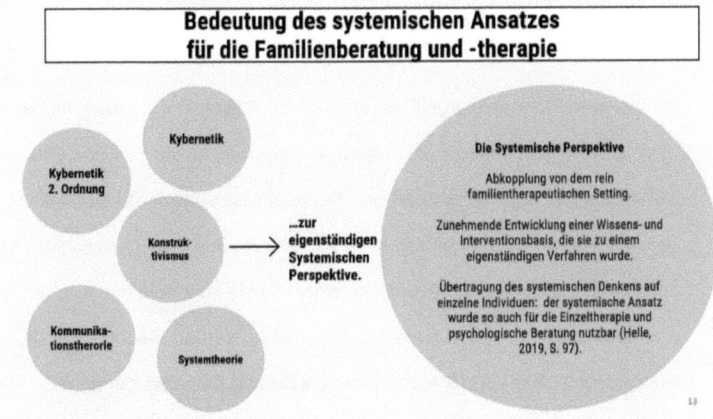

Abb. 11: Systemischer Ansatz in Familienberatung und -therapie - Entwicklung zur systemischen Perspektive

(Quelle: Eigene Darstellung)

Zum Abschluss des zweiten großen Teils der Präsentation erfolgt wieder ein Kahoot-Quiz, welches aus drei Fragen besteht. Darunter zwei Wahr-oder-Falsche-Fragen: „der systemische Ansatz hat seinen Ursprung in der Familientherapie." Und „Die systemische Therapie ist nicht für die Einzeltherapie nutzbar." Sowie die Frage „Was bedeutet Kontextualisierung?" mit den vier Antwortmöglichkeiten „Individuelles Verhalten muss immer vor Hintergrund des sozialen Kontextes betrachtet werden", „Individuelles Verhalten sollte getrennt von anderen Familienmitgliedern betrachtet werden", „Kontextualisierung meint das Verhalten der Familienmitgliedern" und „Damit individuelles Verhalten verändert werden kann, muss am Verhalten der Familienmitgliedern angesetzt werden". Mögliche Fehler werden im Nachhinein besprochen.

3.4. Typische Besonderheiten in der Arbeit mit Familiensystemen

Im nächsten Themenfeld geht es um Besonderheiten in der Arbeit mit Familiensystemen. Zunächst werden die die Zuhörer gefragt, was für sie Familie bedeutet. Die Antworten werden auf die Flipchart geschrieben. Letztendlich soll sich auf die Botschaft geeinigt werden: Familie gibt es in verschiedenen Formen. Im Anschluss wird die Familiensystemtheorie nach Bronfenbrenner (1981) kurz beschrieben, um den Begriff „Familiensystem" besser zu verstehen. Dabei werden Begriffe wie Supra-, Sub-, Mikro-, Meso-, Exo- und Makrosystem erklärt und Beispiele genannt.

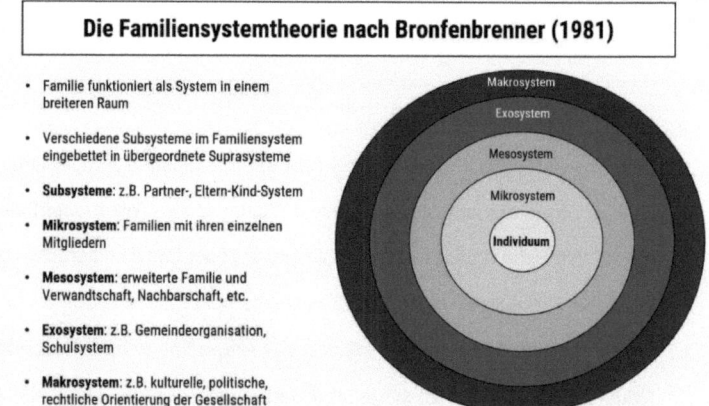

Abb. 12: Besonderheiten in der Arbeit mit Familiensystemen - Familiensystemtheorie nach Bronfenbrenner (1981)

(Quelle: Eigene Darstellung)

Da sich Familiensysteme ebenso wie ihre Familienmitglieder entwickeln ist es wichtig, die verschiedenen Phasen des Lebenszyklus einer typischen Familie zu kennen. Die

Übergangsmomente zwischen diesen Phasen können vorübergehende Spannungen und Probleme verursachen (Willemse & von Ameln, 2018, S. 175). Aus diesem Grund wird nachfolgend auf den typischen Lebenszyklus einer Familie eingegangen und Merkmale jeder Phase kurz beschrieben. Es wird erklärt, dass Familienberater besonders Unterstützung leisten können, wenn sich Familien im Übergang zwischen zwei Phasen befinden Bei jedem Übergang sind Anpassungen aller Familienmitglieder erforderlich, damit sich das System bis zur nächsten Phase wieder stabilisiert (Willemse & von Ameln, 2018, S. 175).

Der Lebenszyklus der Familie

Phase

1. Die Kinderlose Phase

2. Die Expansionsphase

3. Die Phase der Stabilisierung

4. Kinder-Verlassen-das-Haus-Phase

5. Die Phase des leeren Nestes

6. Die Rentenphase

7. Oma- und Opa-Phase

8. Tod-des-Partners-Phase

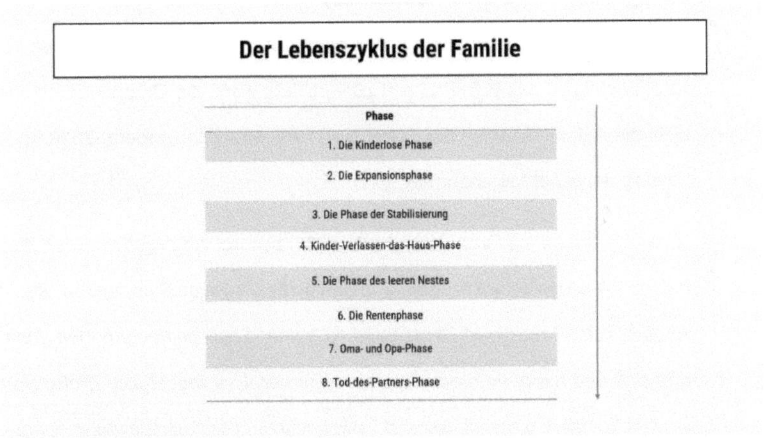

Abb. 13: Besonderheiten in der Arbeit mit Familiensystemen - Der Lebenszyklus der Familie

(Quelle: Eigene Darstellung)

Die nächsten drei Folien beinhalten typische Besonderheiten, die in der Arbeit mit Familiensystemen oft beobachtet werden können. Dabei werden auf die Bedeutung der Begriffe geschlossene und offene Grenzen, verborgene Loyalität und Familienmythen und Geheimnisse eingegangen. Es werden Familienrollen und Phänomene

19

im Zusammenhang mit familiären Subsystemen erklärt. Zuletzt wird auf die Bedeutung von zu starren bzw. zu offenen Grenzen eingegangen. Den Zuhörern wird der Hinweis gegeben, dass diese Informationen Grundlage für die folgende Gruppenarbeit bilden.

3.5. Fallbeispiel Familie M.

Es folgt eine Gruppenarbeit. Die Zuhörer werden gebeten, zweier Gruppen zu bilden. Es wird ein Handout mit einem Fallbeispiel verteilt, welches im Anschluss vorgelesen wird. Wichtig ist das Handout erst zu verteilen, wenn die Gruppenarbeit ansteht, um nicht die Aufmerksamkeit der Zuhörer zu verlieren (Schulenburg, 2018, S. 238). Das Fallbeispiel lautet folgendermaßen:

„Eva (45) kommt mir ihrer Tochter Marie (22) besorgt zur psychotherapeutischen Ambulanz. Marie leidet seit einigen Monaten an depressiven Symptomen. Sie hat keinen Appetit, keine Freude an Dingen, die ihr immer Spaß gemacht haben, fühlt sich antriebslos und hängt in ihrem Studium hinterher. Eva macht sich große Sorgen, weil sie ihre Tochter immer als selbstständig und verantwortungsbewusst wahrgenommen hat. Doch ihr Studium scheint Marie im Moment nicht zu interessieren. Sie hat schon seit längerer Zeit gemerkt, dass etwas nicht stimmt. Zugegeben hat Marie ihre depressive Symptomatik aber erst vor einer Woche. Die Beziehung zwischen Marie und ihrer Mutter ist gut. Eva hat Marie schon früh bekommen und sich immer eher als ihre Freundin gesehen, als ihre Mutter. Zu Beginn war sie mit ihrem ersten Kind ein wenig überfordert, weil ihr Mann Stefan (56) in seinem Beruf als selbstständiger Unternehmer immer sehr viel unterwegs war. Sie hat sich manchmal allein gelassen gefühlt, wodurch sie Marie schon früh viel Verantwortung übergeben hat. Als ihr Bruder Jan (13) zur Welt kam, als Marie 9 Jahre alt war, kümmert sich Marie wie eine Mutter um

ihn. Zu dieser Zeit nahm Eva auch wieder eine Teilzeitstelle im Einzelhandel auf, so-dass sich Eva stark auf ihre Tochter mit den häuslichen Aufgaben verließ. Als Marie Jugendlich ist, muss sie oft zuhause bleiben, statt mit ihren Freunden auszugehen, um sich um ihren kleinen Bruder zu kümmern. Jan hat eine leicht ausgeprägte Autistische Störung. Ihre Eltern reden ungern darüber und sagen Freunden und Bekannten oft, dass er einfach manchmal ein bisschen eigen ist. Das hat Jan ein, zwei Mal mit-bekommen und sehr verletzt. Die Ehe von Eva und Stefan läuft generell gut. Eva belastet allerdings, dass ihr Mann wenig Zeit für sie hat. Sie kann gut mit Marie dar-über reden, die ihr Mut zuspricht und für sie da ist. Wenn etwas nicht gut läuft, gibt Eva oft ihrem Mann die Schuld, weil er nie „ja ist und sich auch nicht um die Kinder kümmert." Außerdem ist es „auch nicht so einfach mit Jan". Stefan sieht seine Ver-antwortung allerdings in erster Linie, seine Familie zu versorgen. Die Beziehung von Marie zu ihrem Vater ist eher kalt. Sie hat oft die Worte ihrer Mutter im Kopf, allerdings möchte sie auch keine Seiten einnehmen. Jan merkt, wenn sich seine Eltern streiten und versucht oft, Körperkontakt oder ein Gespräch zwischen beiden Parteien herzu-stellen. Er hat sogar Mal heimlich einen Entschuldigungs-Brief in Papa Namen an Mama geschrieben. Für ihn ist meistens Papa schuld, weil er ja nie da ist."

Die Gruppen haben nun 10 Minuten Zeit, den vier Charakteren die in den letzten drei Folien gelernten Rollen, Besonderheiten oder Phänomene zuzuordnen. Für Fragen steht der Vortragende zur Verfügung. Im Anschluss wird die Gruppenarbeit bespro-chen und die Lösungen auf der nächsten Folie gezeigt (Abb.14).

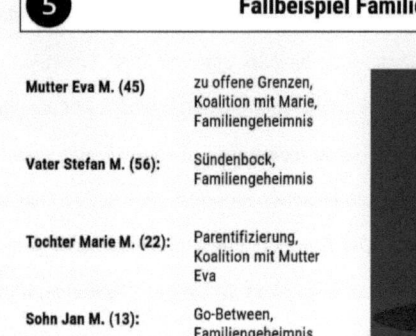

5   **Fallbeispiel Familie M.**

Mutter Eva M. (45)	zu offene Grenzen, Koalition mit Marie, Familiengeheimnis
Vater Stefan M. (56):	Sündenbock, Familiengeheimnis
Tochter Marie M. (22):	Parentifizierung, Koalition mit Mutter Eva
Sohn Jan M. (13):	Go-Between, Familiengeheimnis

Bildquelle: https://pixabay.com/illustrations/woman-avatar-emotions-cry-crying-5752924/

Abb. 14: Fallbeispiel Familie M.

(Quelle: Eigene Darstellung)

3.5.1. Empfohlene Interventionsmöglichkeiten

Mit der Frage „Wie können wir nun Familie M. helfen?" wird das nächste Thema eingeleitet: Interventionsmöglichkeiten der systemischen Therapie. Zunächst wird ein grober Überblick über alle Interventionsmöglichkeiten gegeben (Abb. 16). Es soll vermittelt werden, dass viele verschiedene existieren. Daher wird nicht auf jede einzelne eigegangen, sondern vier Beispiele ausgewählt, welche anhand Familie M. erklärt werden sollen. Bevor es mit den Beispielen weitergeht, wird auf der nächsten Folie kurz auf die therapeutische Grundhaltung der systemischen Therapie nach Schubert et al. (2019) eingegangen.

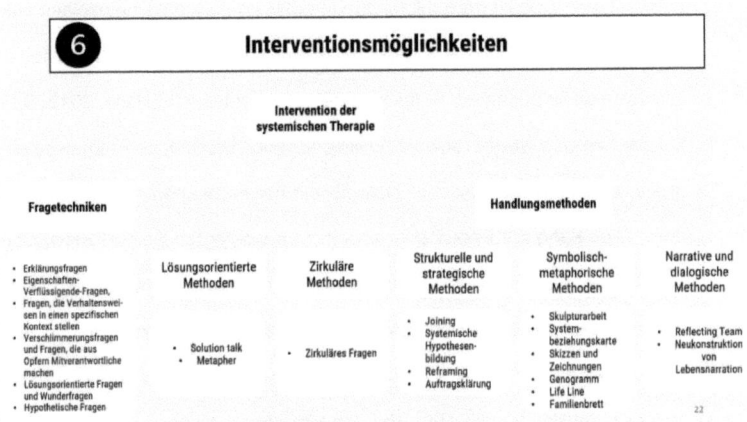

Abb. 15: Interventionsmöglichkeiten - ein Überblick

(Quelle: Eigene Darstellung)

Für eine Einsicht in Interventionsmöglichkeiten werden die Methoden „Familienskulptur", „Life Line", „Hypothesenbildung" und „paradoxe Verschiebungen" auf den nächsten zwei Folien besprochen. Die Beschreibung auf der Folie wird für eine bessere Übersicht kurz gehalten. Anhand dieser Beschreibungen wird die jeweilige Interventionsmöglichkeit mündlich genauer erklärt. Dies erfolgt im Kern folgendermaßen: Mithilfe der *Familienskulptur* lassen sich Beziehungsphänomene räumlich sowie nonverbal darstellen und probeweise verändern. Dabei stellen Familienmitglieder nacheinander die anderen im Beratungszimmer so zueinander auf, wie es ihrem Bild der Beziehung entspricht. Dieses Bild wird so, wenn es als problematisch erlebt wird, so lange experimentell verändert, bis ein anregendes neues Lösungsbild für eine gesundheitsfördernde Konstellation entsteht (Schiepek & Schweitzer-Rothers, 2020, S. 438). Mit der Familienskulptur-Methode ist es möglich, dass Patienten Teile ihres Erlebens in der familiären Dynamik in einer Art und Weise darstellen, die sie möglicherweise nur schwer in Worte fassen könnten oder die ihnen zum Teil nicht einmal bewusst sind. Sobald die Skulptur fertiggestellt ist, können die einzelnen aufgestellten Familienmitglieder Feedback geben, wie sie sich in einer solchen Position fühlen und inwieweit diese auch ihrer Selbstwahrnehmung entspricht (Helle, 2019, S. 115- 116). Mit der *Life Line* werden sowohl positive als auch belastende Ereignisse aus der Biografie, aber auch gewünschte Ziele für die nahe Zukunft entlang einer Linie dargestellt. Dies kann auf Papier oder an einem ausgelegten Seil erfolgen. Über die Life Line können positive Entwicklungen wie auch Einfluss belastender Ereignisse und bisherige Bewältigungs- und Lösungsversuche erfasst werden, ebenso wie Ressourcen, die aus den Erfahrungen gewachsen sind oder auch nicht genutzt werden (Schubert et al., 2019, S. 104-105). Bei der *Hypothesenbildung* werden Beobachtungen, Erzählungen und Wirklichkeitskonstruktionen der Systemmitglieder, in diesem Fall der Familienmitglieder, sowie die Beobachtungen des Beraters und dessen fachliches Wissen über Struktur und Dynamik spezifischer Problemsysteme herangezogen. Dies dient dazu, dahinterliegende Strukturen im System zu erkennen, den Beziehungssinn und die systemerhaltenden Funktionen von Symptomen, Störungen und sozialen Auffälligkeiten sowie Ressourcen zu erfassen. Daraus werden Hypothesen über das System und seine Ressourcen sowie Änderungsmöglichkeiten entwickelt. Ziel ist es in erster Linie, neue Sichtweisen anzuregen (Schubert et al., 2019, S. 102; von Schlippe und Schweitzer 2013, S. 204). *Paradoxe Verschreibungen* sind eine Form des Reframing, bei dem Problemverhalten vom Berater positiv bewertet und umgedeutet wird. Dabei wird symptomtragende Person aufgefordert, das Symptom weiterhin beizubehalten oder sogar zu verstärken, um so die Symptome zum Verschwinden zu bringen (Boeger, 2013, S. 128). Zum Verständnis werden diese Methoden dann beispielhaft auf die Familie M. angewendet.

3.6. Fazit und Danksagung

Um die erschöpften Zuhörer wieder ins Geschehen zu holen, wird nun das Fazit an-
gekündigt. Gemeinsam mit den Zuhörern wird zurückgeschaut und das Wesentliche
wiederholt (Hüttmann, 2018, S. 36). Für einen runden Abschluss wird sich wieder auf
die zu Anfang gestellten Leitfragen bezogen. Diese sollen nun beantwortet werden.
Der Vortrag soll mit den vier Leitfragen auf vier wesentliche Erkenntnisse herunterge-
brochen werden. Die Wiederholung sorgt für ein dauerhaftes Speichern (Hüttmann,
2018, S. 36). Auf der nachfolgenden Folie werden zunächst nur die Fragen angezeigt.
Die Zuschauer werden beten, sich Gedanken zu machen, wie sie die Fragen beantworten würden. Dann werden die Antworten auf der gleichen Folie angezeigt. Damit
ist der inhaltliche Teil des Vortrags beendet. Es werden ca. 10 Minuten eingeplant,
um mögliche Fragen der Zuhörer zu beantworten. Wenn es keine Fragen mehr gibt,
dürfen Zuhörer ein kurzes Feedback geben. Danach wird der Vortrag beendet und es
wird sich für die Aufmerksamkeit und Teilnahme herzlich bedankt.

4. Zeitrahmen und Medieneinsatz

Der Vortrag fängt und 10:00 Uhr an und soll 90 Minuten dauern. Vorbereitet wird eine
Flipchart, ein Laptop und ein Projektor für die Präsentation sowie für das Kahoot-Quiz
und ein Handout für das Fallbeispiel. Die Präsentation wird allen Zuhörern nach der
Teilnahme der Veranstaltung als PDF-Datei zur Verfügung gestellt. Die Gliederung,
der vorgesehene Zeitrahmen sowie der zugehörige Medieneinsatz ist in Tabelle 1
dargestellt.

Gliederungspunkt	Zeitrahmen	Medieneinsatz
1. Einleitung	10:00-10:05 Uhr	Mündliche persönliche Vorstellung + Präsentation
2. Der systemische Ansatz	10:05-10:20 Uhr	Präsentation + Flipchart + Kahoot Online Quiz
3. Bedeutung des systemischen Ansatzes in der Familienberatung und -therapie	10:20-10:30	Präsentation
4. Besonderheiten in der Arbeit mit Familiensystemen	10:30-10:45 Uhr	Präsentation + Flipchart
5. Fallbeispiel Familie M.	10:45-11:05 Uhr	Präsentation + Handout
6. Interventionsmöglichkeiten	11:05-11:15 Uhr	Präsentation
7. Fazit	11:15-11:20 Uhr	Präsentation
8. Fragen und Abschied	11:20-11:30	Mündlich, eventuell Präsentation

Tab. 1: Gliederung, Zeitrahmen und Medieneinsatz der Präsentation

(Quelle: Eigene Darstellung)

5. Kritische Reflektion

Das Konzeptpapier dient als Hilfsmittel für die Vorbereitung, Durchführung und letztendlich auch der kritischen Reflektion der Präsentation. Damit soll grob zusammengefasst werden, welche Rahmenbedingungen und Themenschwerpunkte es gibt. Es dient nicht als „Skript" der Präsentation. Allerdings wurden sowohl das Konzeptpapier als auch die Präsentation ausführlicher ausgearbeitet und sind somit umfangreicher, als im normalen Fall bei dem der Vortragende viele Punkte auch mündlich vermitteln kann. Die Präsentation ist somit mithilfe des Konzeptpapiers auch ohne Vortragenden verständlich. Die Präsentation dient weiterhin zur allgemeinen Einführung in das Thema „Systemische Familienberatung und -therapie." Damit Teilnehmende die wichtigsten Grundlagen verstehen und speichern können, werden einzelne Themen nicht tiefer ausgeführt. Ziel ist es, einen groben Überblick zu verschaffen und Teilnehmende Lust auf das Thema zu bereiten.

Literaturverzeichnis

Boeger, A. (2013). *Psychologische Therapie- und Beratungskonzepte. Theorie und Praxis* (2. Auflage). Stuttgart: Kohlhammer

Bronfenbrenner, U. (1981). *Die Ökologie der menschlichen Entwicklung.* Stuttgart: Klett-Cotta.

Helle, M. (2019). Systemische Therapie. In: *Psychotherapie.* Basiswissen Psychologie. Berlin, Heidelberg: Springer. https://doi.org/10.1007/978-3-662-58712-6_4

Hey, B. (2019). *Präsentieren in Wissenschaft und Forschung.* Berlin, Heidelberg: Springer Gabler. https://doi.org/10.1007/978-3-662-53609-4

Hüttmann, A. (2018). *Erfolgreiche Präsentationen mit Powerpoint. Mit wertvollen Tipps und Tricks.* Essentials. Wiesbaden: Springer Gabler. https://doi.org/10.1007/978-3-658-22143-0

Schiepek, G. & Schweitzer-Rothers, J. (2020). Systemische Psychotherapie und Beratung. In: J. Hoyer & S. Knappe (Hrsg.) *Klinische Psychologie & Psychotherapie.* Berlin, Heidelberg: Springer. https://doi.org/10.1007/978-3-662-61814-1_16

Schubert, F.C., Rohr, D. & Zwicker-Pelzer, R. (2019). *Beratung.* Basiswissen Psychologie. Wiesbaden: Springer. https://doi.org/10.1007/978-3-658-20844-8

Schulenburg, N. (2018). *Exzellent präsentieren. Die Psychologie erfolgreicher Ideenvermittlung – Werkzeuge und Techniken für herausragende Präsentationen.* Wiesbaden: Springer. https://doi.org/10.1007/978-3-658-12303-1

Schwing, R. & Fryszer, A. (2016). *Systemische Beratung und Familientherapie. Kurz, bündig, alltagstauglich* (5. Auflage). Göttingen: Vandenhoeck & Ruprecht

von Schlippe, A., & Schweitzer, J. (2013). *Lehrbuch der systemischen Therapie und Beratung I: Das Grundlagenwissen* (neue bearbeitete Auflage.). Göttingen: Vanderhoeck & Ruprecht.

Willemse, J. & von Ameln, F. (2018). *Theorie und Praxis des systemischen Ansatzes.* Berlin, Heidelberg: Springer. https://doi.org/10.1007/978-3-662-56645-9

Einführung in die Systemische Familienberatung und -therapie

Zur Weiterbildung für Psychologiestudierende an der SRH Fernhochschule Riedlingen

Vivien Albers

Folie 2

Inhaltsverzeichnis

Themen	Zeitrahmen Insgesamt ca. 90 Minuten
1. Leitfragen	5 min.
2. Der systemische Ansatz	15 min.
3. Bedeutung des systemischen Ansatzes für die Familienberatung und -therapie	10 min.
4. Besonderheiten in der Arbeit mit Familiensystemen	15 min.
5. Fallbeispiel Familie M.	Gruppenarbeit: 10 min. Besprechung: 10 min.
6. Interventionsmöglichkeiten	10 min.
7. Fazit	5 min.
8. Fragen und Abschied	~ 10 min.

Leitfragen

1. Was ist der systemische Ansatz?

2. Welche Bedeutung hat der systemische Ansatz für die Familientherapie und –beratung?

3. Welche typischen Besonderheiten sollten Berater und Beraterinnen in der Arbeit mit Familiensystemen beachten?

4. Welche Interventionsmöglichkeiten bieten sich an?

Der systemische Ansatz

2

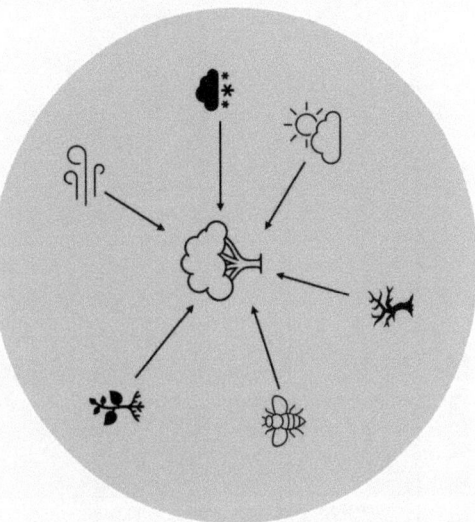

Frage:

Stellen Sie sich vor Sie wären ein Obstbauer und ihr Baum bringt kein Obst.

Woran könnte es liegen?

Der systemische Ansatz

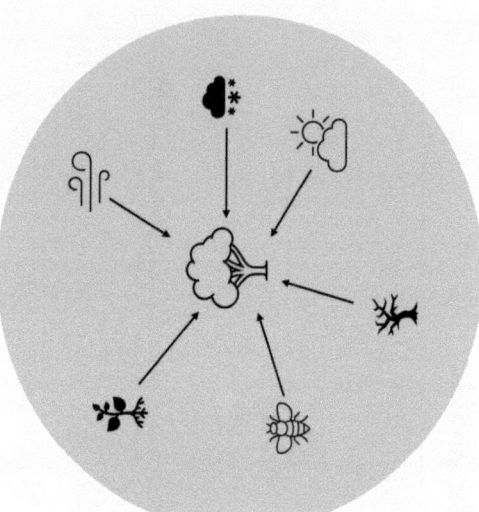

Frage:

Stellen Sie sich vor Sie wären ein Obstbauer und ihr Baum bringt kein Obst.

Woran könnte es liegen?

Antworten:

Neben dem Baum, sollte auch der Boden, der Regen, der Schnee, die Sonne, der Wind, die Bienen, die benachbarten Bäume, etc. beachtet werden (Schwing & Fryzer, 2016, S. 9)

Der systemische Ansatz

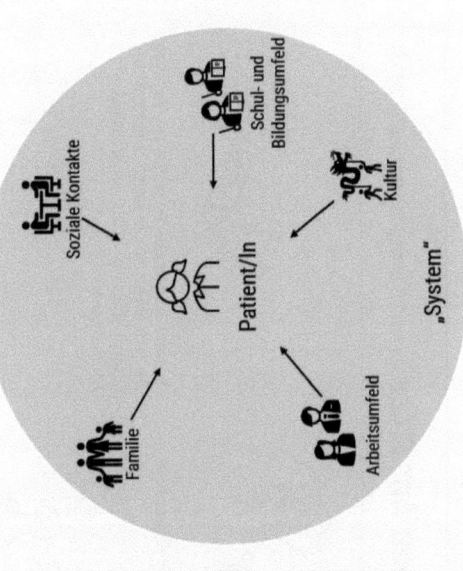

Soziale Kontakte

Schul- und Bildungsumfeld

Kultur

Familie

Patient/In

Arbeitsumfeld

„System"

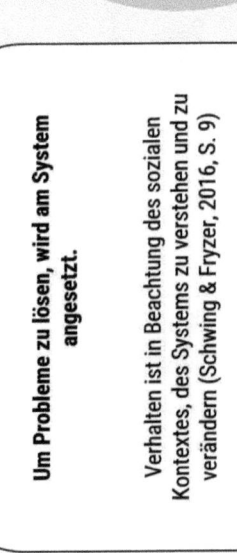

Um Probleme zu lösen, wird am System angesetzt.

Verhalten ist in Beachtung des sozialen Kontextes, des Systems zu verstehen und zu verändern (Schwing & Fryzer, 2016, S. 9)

Das Individuum wird in seiner Ganzheit und all seinen komplexen Wechselwirkungen betrachtet (Helle, 2019, S. 102).

5

Grundannahmen des systemischen Ansatzes (nach Willemse & von Ameln, 2018)

Kommunikation und Interaktion sind sich selbst organisierende Systeme

Wer nach Problemen sucht wird Probleme finden. Wer dagegen Lösungen sucht, wird Lösungen erhalten.

Der Mensch ist Schöpfer seiner Wirklichkeit

Menschliches Erleben und Handeln sind nie von ihrem sozialen Kontext abzulösen. Systemisches Denken ist immer Denken in Zusammenhängen.

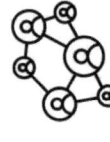

Was das Klientensystem in Therapie/Beratung über sich erfährt, ist kein Ausdruck der Wahrheit, sondern Ergebnis eines Beobachtungs- und Konstruktionsprozesses

Ursachen und Wirkungen in Systemen bedingen sich häufig gegenseitig im Sinne einer zirkulären Kausalität

6

Geschichte des Systemischen Ansatzes

„Der systemische Ansatz hat viele Mütter und Väter."
(Schwing & Fryszer, 2016, S. 15)

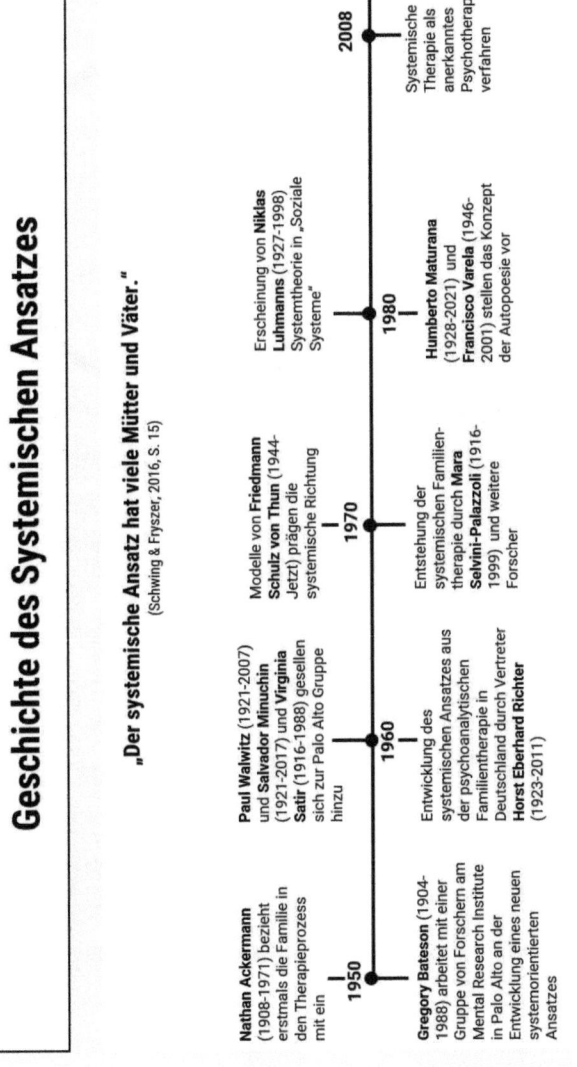

1950

Nathan Ackermann (1908-1971) bezieht erstmals die Familie in den Therapieprozess mit ein

Gregory Bateson (1904-1988) arbeitet mit einer Gruppe von Forschern am Mental Research Institute in Palo Alto an der Entwicklung eines neuen systemorientierten Ansatzes

1960

Paul Walwitz (1921-2007) und **Salvador Minuchin** (1921-2017) und **Virginia Satir** (1916-1988) gesellen sich zur Palo Alto Gruppe hinzu

Entwicklung des systemischen Ansatzes aus der psychoanalytischen Familientherapie in Deutschland durch Vertreter **Horst Eberhard Richter** (1923-2011)

1970

Modelle von **Friedmann Schulz von Thun** (1944-Jetzt) prägen die systemische Richtung

Entstehung der systemischen Familientherapie durch **Mara Selvini-Palazzoli** (1916-1999) und weitere Forscher

1980

Erscheinung von **Niklas Luhmanns** (1927-1998) Systemtheorie in „Soziale Systeme"

Humberto Maturana (1928-2021) und **Francisco Varela** (1946-2001) stellen das Konzept der Autopoesie vor

2008

Systemische Therapie als anerkanntes Psychotherapieverfahren

7

Was ist die Systemische Beratung und Therapie?

- Systemische Beratung und Therapie bezieht sich auf die Erfassung, Analyse und Veränderung von Systemen (Schiepek & Schweitzer-Rothers, 2020)

- Die Mitglieder eines Systems wirken ständig wechselseitig aufeinander

- Beratungsobjekt ist nicht das Individuum an sich, sondern das Beziehungs- und Interaktionssystem (Schubert, Rohr & Zwicker-Pelzer, 2019).

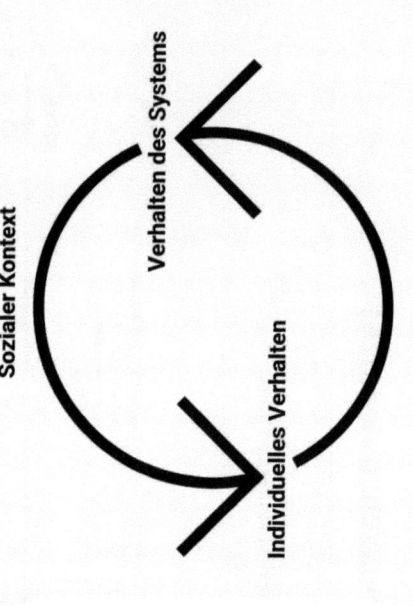

Sozialer Kontext

Verhalten des Systems

Individuelles Verhalten

Systemische Beratung vs. Systemische Therapie

Systemische Beratung

- Beratung ist ein Konzept der sozialen Hilfeleistung von Menschen für Menschen

- konzentriert sich auf alltägliche Probleme und unterstützt Betroffenen vor allem in der kurzzeitigen, konkreten Umsetzung und in der Problemlösung.

  - Oft von kürzerer Dauer

Systemische Therapie

- ein spezielles Psychotherapieverfahren, das im Rahmen einer Einzeltherapie, Paartherapie, Familientherapie oder Gruppentherapie zum Einsatz kommt.

  - Kriesenbezogen und ausgeprägtere Problemtiefe

  - Seit 2008 als Psychotherapieverfahren anerkannt und seit 2018 in die Regelleistung der gesetzlichen Krankenkasse aufgenommen.

3

Bedeutung des systemischen Ansatzes für die Familienberatung und -therapie

Was ist die systemische

Familienberatung und –therapie?

Spezielles therapeutisches Setting der systemischen Therapie, bei dem dem nicht immer aber oft Mitglieder der Familie eines Patienten anwesend und direkt beteiligt sind (von Schlippe & Schweitzer, 2016, S. 32).

Bildquelle: https://pixabay.com/vectors/family-group-people-together-team-4978134/

10

Bedeutung des systemischen Ansatzes für die Familienberatung und -therapie

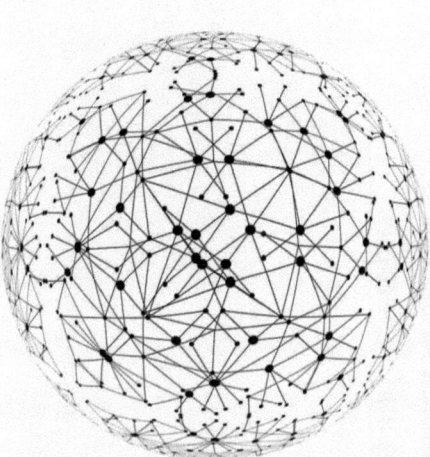

Bildquelle: https://pixabay.com/illustrations/network-connections-communication-3537400/

11

- Der Systemische Ansatz hat seinen Ursprung in der in den 1950er Jahren entwickelten Familientherapie.

- **Kontextualisierung:** Individuelles Verhalten muss immer vor Hintergrund seines sozialen Kontextes betrachtet werden. Verhalten, Kommunikation und Rollen der einzelnen Familienmitglieder können nicht von dem Verhalten der anderen Familienmitgliedern getrennt betrachtet werden, weil sie voneinander beeinflusst werden (Willemse & von Ameln, 2018).

Bedeutung des systemischen Ansatzes für die Familienberatung und –therapie

Von den Ursprüngen in der Familientherapie...

strategische

Darauf fokussiert dysfunktionale Problemlösesstrategien der Familie durchzubrechen und durch alternative Handlungsstrategien zu ersetzen (Helle, 2019, S. 96).

strukturell

Aufmerksamkeit galt den Beziehungen und Grenzen innerhalb und zwischen den Subsystemen der Eltern und Kinder (Helle, 2019, S. 96).

humanistisch

Will im Familiensetting einen Raum zu schaffen, der die in der Familie innewohnende Selbstheilungskräfte wieder aktiviert. Dafür werden unterschiedliche erlebnis-aktivierende Interventionen und Übungen mit Familienmitgliedern durchgeführt (Helle, 2019, S. 96).

Psychodynamisch

Arbeiten an und Bewusst-machen von unbewusst über Generationen hinweg weitergegebene Vermächtnisse und Delegationen, die sich auf die aktuellen Interaktionen und Erwartungen auswirken (Helle, 2019, S. 96).

12

Bedeutung des systemischen Ansatzes für die Familienberatung und -therapie

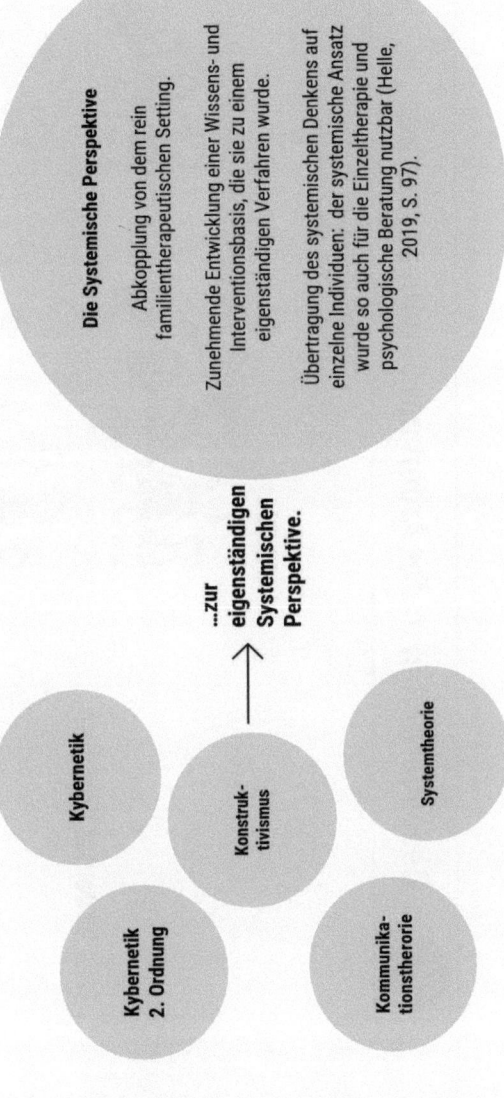

Kybernetik

Kybernetik 2. Ordnung

Konstruktivismus

Systemtheorie

Kommunikationstheorie

...zur eigenständigen Systemischen Perspektive.

Die Systemische Perspektive

Abkopplung von dem rein familientherapeutischen Setting.

Zunehmende Entwicklung einer Wissens- und Interventionsbasis, die sie zu einem eigenständigen Verfahren wurde.

Übertragung des systemischen Denkens auf einzelne Individuen: der systemische Ansatz wurde so auch für die Einzeltherapie und psychologische Beratung nutzbar (Helle, 2019, S. 97).

13

Folie 14

④ Besonderheiten in der Arbeit mit Familiensystemen

Bildquelle: https://pixabay.com/vectors/love-family-doodles-family-love-5978916/

Was bedeutet Familie?

14

Die Familiensystemtheorie nach Bronfenbrenner (1981)

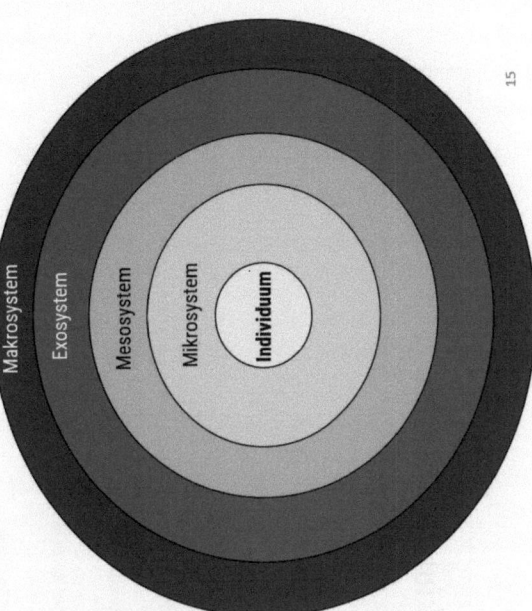

Makrosystem
Exosystem
Mesosystem
Mikrosystem
Individuum

15

- Familie funktioniert als System in einem breiteren Raum

- Verschiedene Subsysteme im Familiensystem eingebettet in übergeordnete Suprasysteme

- **Subsysteme:** z.B. Partner-, Eltern-Kind-System

- **Mikrosystem:** Familien mit ihren einzelnen Mitgliedern

- **Mesosystem:** erweiterte Familie und Verwandtschaft, Nachbarschaft, etc.

- **Exosystem:** z.B. Gemeindeorganisation, Schulsystem

- **Makrosystem:** z.B. kulturelle, politische, rechtliche Orientierung der Gesellschaft

Der Lebenszyklus der Familie

Phase

1. Die Kinderlose Phase

2. Die Expansionsphase

3. Die Phase der Stabilisierung

4. Kinder-Verlassen-das-Haus-Phase

5. Die Phase des leeren Nestes

6. Die Rentenphase

7. Oma- und Opa-Phase

8. Tod-des-Partners-Phase

Besonderheiten der Familiensysteme

geschlossene vs. offene Grenzen

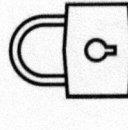

Grenze der Familie zur Umwelt

Gründe für Geschlossene Grenzen: räumliche Isolierung, religiöse Gemeinschaft, soziale Isolierung, Migrations- und Fluchthintergrund

Warnsignal ist starke Geschlossenheit der Familie

Verborgene Loyalität

Emotionale Dynamik innerhalb der Familie: ein Gebiet der heftigen Emotionen

Entsteht durch Emotionen und einer Beziehungsethik.

Grundsätze: Ausschluss von Familienmitgliedern ist unzulässig, Respekt einer gewissen Ordnung, Gleichgewicht im Geben und Nehmen.

Familienmythen und -geheimnisse

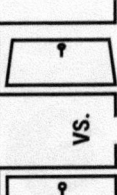

Familienmythos: Außenwelt wird von der Familiengeschichte in Kenntnis gesetzt. Familiengeheimnis: bleibt der Umwelt verborgen.

Sorgt für Ungleichgewicht im System.

Widerspruch zur Realität führt zur Isolierung der Familie gegenüber der Umwelt

17

Familienrollen und Phänomene im Zusammenhang mit familiären Subsystemen

Der Sündenbock

Alle Unzufriedenheit der Familie wird auf ein Kind projiziert. Probleme zwischen Eltern werden geleugnet – die Vorwürfe richten sich gegen das Kind. Kind passt sich dem Muster an und zeigt ungezogene und grenzüberschreitende Verhaltensweisen.

Parentifizierung

Kind wird in die Position eines Elternteils versetzt und ihm wird elterliche Verantwortlichkeit zugewiesen.

Der Go-Between

Hochsensibles Kind, welches versucht die Kommunikation zwischen Eltern zu vermitteln.

Das Drama-Dreick

Familienstruktur mit einer unzureichenden Grenzziehung zwischen den Subsystemen der Eltern und der Kinder. Koalitionen werden innerhalb der Familie gebildet, jedoch geleugnet.

18

Starre vs. offene Grenzen zwischen Subsystemen der Familie

Zu starre Grenzen

Eltern sind in manchen Situationen nicht erreichbar und haben nicht genug Kontakt mit Kindern. Eltern und Kinder bleiben sich fremd.

Zu offene Grenzen

— — — — — — —

Ungenügende Abgrenzung der Subsysteme. Eltern verlassen das Subsystem der Eltern und werden ein Teil des Subsystems der Kinder. Durch Positionsverschiebung geben Eltern ihre Verantwortung als Erziehungsberechtigte auf.

Gruppenarbeit: Fallbeispiel

20

5 ## Fallbeispiel Familie M.

21

Mutter Eva M. (45)

zu offene Grenzen,
Koalition mit Marie,
Familiengeheimnis

Vater Stefan M. (56):

Sündenbock,
Familiengeheimnis

Tochter Marie M. (22):

Parentifizierung,
Koalition mit Mutter
Eva

Sohn Jan M. (13):

Go-Between,
Familiengeheimnis

Interventionsmöglichkeiten

6

Intervention der systemischen Therapie

Fragetechniken

- Erklärungsfragen
- Eigenschaften-Verflüssigende-Fragen,
- Fragen, die Verhaltensweisen in einen spezifischen Kontext stellen
- Verschlimmerungsfragen und Fragen, die aus Opfern Mitverantwortliche machen
- Lösungsorientierte Fragen und Wunderfragen
- Hypothetische Fragen

Lösungsorientierte Methoden

- Solution talk
- Metapher

Zirkuläre Methoden

- Zirkuläres Fragen

Handlungsmethoden

Strukturelle und strategische Methoden

- Joining
- Systemische Hypothesenbildung
- Reframing
- Auftragsklärung

Symbolisch-metaphorische Methoden

- Skulpturarbeit
- Systembeziehungskarte
- Skizzen und Zeichnungen
- Genogramm
- Life Line
- Familienbrett

Narrative und dialogische Methoden

- Reflecting Team
- Neukonstruktion von Lebensnarration

22

Therapeutische Grundhaltung der systemischen Therapie

nach Schubert, Rohr & Zwicker-Pelzer, 2019

- Wertschätzung aller Persönlichkeitsfacetten von Klienten

- Neugier gegenüber dem Menschen und dem ihn umgebenen System

- Ressourcenorientierung

- Lösungsorientierung

- Verständnis von Widerständen in der Bedeutung von sich widersprechenden Bedürfnisse

Bildquelle: https://pixabay.com/illustrations/consulting-mental-health-1739639/

23

Interventionsmöglichkeiten für Familie M.

Familienskulpturen

Familienmitglieder sollen sich so aufstellen, wie sie die Beziehungen untereinander wahrnehmen. Die Beziehungsstrukturen innerhalb der Familie werden so nonverbal deutlich.

Marie stellt sich bei dieser Aufgabe, besonders nah zu Mutter Eva und weiter weg von Vater Stefan. Jan stellt sie näher zu sich als zu ihren beiden Eltern. Die Aufstellung dient als Basis für eine darauf folgende gemeinsame Besprechung der Beziehung zueinander.

Life Line

Positive als auch belastende Ereignisse aus der Biografie sowie gewünschte Ziele für die Nahe Zukunft werden entlang der Life Line (Zeitlinie) dargestellt.

Life Line aus Maries Sicht

Belastende Ereignisse: Berufseintritt der Mutter, Verantwortung und Überforderung im Haushalt und in der Erziehung

Ressourcen: Gute Beziehung zu Jan

Gewünschte Ziele: Bessere Beziehung zum Vater, mehr Zeit für sich, Mutter steht auf eigenen Beinen

Interventionsmöglichkeiten für Familie M.

Hypothesenbildung

Erstellung systemischer Hypothesen über Funktionen von wechselseitigen Zusammenhängen zwischen Symptom, Beziehungsmustern und Interaktionsregeln in einem System (Schubert et al., 2019).

→ Frage an Marie: „Stell dir vor, du fühlst dich nicht depressiv, sondern glücklich, was wäre anders in der Familie?"

Marie fühlt sich überfordert mit ihrer starken Verantwortung. Ihre depressiven Symptome werden aufrechterhalten, da ihre Familie nun mehr Rücksicht nimmt.

Paradoxe Verschreibungen

Form des Reframing (Umdeutung und positive Bewertung von Problemverhalten). Problemverhalten wird verschrieben.

→ Therapeut: „Es ist wichtig, dass du deine Bedürfnisse schützt und für deine Eltern tust du etwas Gutes: nun haben Sie etwas, woran sie zusammen arbeiten können und dein Vater verbringt mehr Zeit Zuhause mit deiner Mutter. Versuche die Symptome noch stärker hervorzurufen."

Fazit

Unsere Leitfragen

1. Was ist der systemische Ansatz?

2. Welche Bedeutung hat der systemische Ansatz für die Familientherapie und -beratung?

3. Welche typischen Besonderheiten sollten Berater und Beraterinnen in der Arbeit mit Familiensystemen beachten?

4. Welche Interventionsmöglichkeiten bieten sich an?

1. Der systemische Ansatz nimmt nicht einzelne Elemente des Systems sondern das gesamte Systems in den Fokus

2. Die systemische Perspektive ist aus der Familientherapie entstanden, heute ist sie eine eigenständige Wissens- und Interventionsbasis. Wichtig bei der Familienberatung und -therapie ist die Kontextualisierung.

3. Subsysteme und Suprasysteme sowie Lebenszyklus der Familie, Grenzen und verschiedene Familienrollen und -Phänomene

4. z.B. Hypothesenbildung, Paradoxe Verschreibungen, Familienskulpturen, Life Line

26

Literaturverzeichnis

Bronfenbrenner, U. (1981). *Die Ökologie der menschlichen Entwicklung.* Stuttgart: Klett-Cotta.

Helle, M. (2019). Systemische Therapie. In: *Psychotherapie.* Basiswissen Psychologie. Berlin, Heidelberg: Springer. https://doi.org/10.1007/978-3-662-58712-6_4

Schiepek, G. & Schweitzer-Rothers, J. (2020). Systemische Psychotherapie und Beratung. In: J. Hoyer & S. Knappe (Hrsg.) *Klinische Psychologie & Psychotherapie.* Berlin, Heidelberg: Springer. https://doi.org/10.1007/978-3-662-61814-1_16

Schubert, F.C., Rohr, D. & Zwicker-Pelzer, R. (2019). *Beratung.* Basiswissen Psychologie. Wiesbaden: Springer. https://doi.org/10.1007/978-3-658-20844-8

Schwing, R. & Fryszer, A. (2016). *Systemische Beratung und Familientherapie. Kurz, bündig, alltagstauglich* (5. Auflage). Göttingen: Vandenhoeck & Ruprecht

Von Schlippe, A. & Schweitzer, J. (2016). *Lehrbuch der systemischen Therapie und Beratung I. Das Grundlagenwissen* (3. Auflage). Göttingen: Vandenhoeck & Ruprecht

Willemse, J. & von Ameln, F. (2018). *Theorie und Praxis des systemischen Ansatzes.* Berlin, Heidelberg: Springer. https://doi.org/10.1007/978-3-662-56645-9

BEI GRIN MACHT SICH IHR WISSEN BEZAHLT

- Wir veröffentlichen Ihre Hausarbeit, Bachelor- und Masterarbeit

- Ihr eigenes eBook und Buch - weltweit in allen wichtigen Shops

- Verdienen Sie an jedem Verkauf

Jetzt bei www.GRIN.com hochladen und kostenlos publizieren